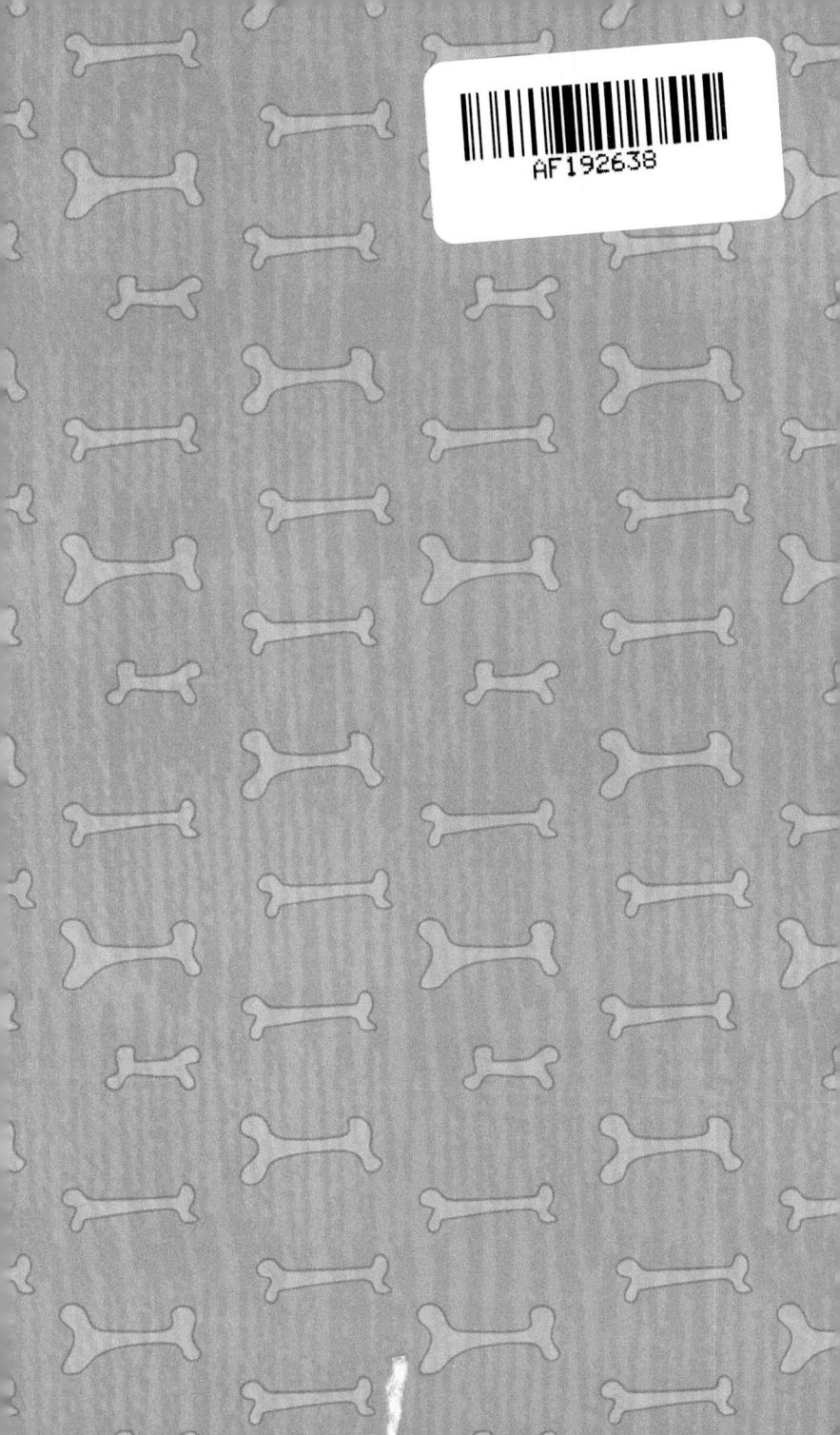

AF192638

DEVORO ALGO MMMUERTO

Devoro algo mmmuerto
© Lorena Aviña, 2024
(@tacodorado96)

© de la presente edición **Libero Editorial**, 2024
Colección dirigida por Inés Martínez García.

Primera edición: abril, 2024

ISBN:978-84-126672-4-0
Imagen de cubierta e interiores: Nuria Pazos Cuadrado

Síguenos en:

facebook.com/LiberoEditorial
twitter.com/LiberoEditorial
instagram.com/Liberoeditorial

Impreso en España

DEVORO ALGO MMMUERTO

LORENA AVIÑA

A nuestra memoria,
por el trabajo de olvidar.

La vida te va robando el alma,
hasta que te la quita entera
y te da a cambio, como consuelo
o como pago, un cuerpo.
Manuel Vilas

Cada cierto tiempo dejo de escribir
para poder ahogarme
siento cómo todo se me acumula en la yugular
y lo contengo
mientras sigo metiéndome cosas
que estorban

luegoescribofrenética

me gusta ver las palabras mezcladas
como los incontrolables elementos
que forman la arena
y así los escupo
revueltos en cadena les grito
que no los quiero conmigo
agriándome la sangre

pero luego pienso en que no puedo vivir sin ellos
y los vuelvo a tragar
me trago mi vómito porque no sé
ser otra cosa
que un contenedor del deshecho.

DESTAZAR

Si mi lengua se pporta bien, nno la muerdo
si mis dientes ccolaboran, no los romppo
si mi bboca sostiene el lápiz, no la qquemo
si mi mandíbula no se a a atora, no la sangro
si mi cara no tiene e e espasmos, no la ggolpeo
si a a hablo bien, no me ccastigan
si no avergüenzo, no me e e esconden los jjuguetes
si me e e esfuerzo mucho, me dddan de ccomer
si nnadie lo nota, sí e e eres mi madre.

Di aaaaahhhhhhh
aaaaaaahhhhhhhhhhh
Muer-de el lá-piz
no qquiero
Di aaaaaaahhhhhhhhhh
aaaaaahhhhhhhh
Ahí está. **P**ablito clavó un clavito
ppaglito cclavó u u un cl cl clavito
De nuevo, más rápido
ppaglito cl cl cl
Vas de mal en peor
l lo siento
De nuevo, sin el lápiz, articula.

Nno puedo, ¿ddónde e e está mi mmamá?

Se fue.
Le molesta que no te esfuerces lo suficiente.
De nuevo, con el lápiz, articula.

"_ _ e s" se cambia a tercero
"_ _ i m e r o" es el número uno
"_ _ a n d e" es enorme
"_ _ e g u n t a" (pendiente, puede ser cuestionarse)

¿Y si pasa con la R? Finges un estornudo.
¿Y si no me sale la L? Finges tos.
¿Y si me dicen que lea? Mmmmm diles que no ves bien.
¿Y si ahora sí puedo habbbbblar?

Desde mis primeros miedos
donde aprendí a callarlo todo
y ocultarlo bajo trincheras
me encuentro en los silencios creados
en el limbo de la insuficiencia y la vergüenza

al hablar
las heridas a/t/o/ra/n las palabras
las acuchillan y como hormigas destazadas
las escupen en
p

                        p
            p
      p
              pedazos
ante el espectador

la posibilidad de la risa, el enojo, la confusión
y el rechazo
hacen que elija decir esto [___] y no esto [_____]
hacen que me desnude
en
versos
cortos
y sílabas simples
capaces de encubrir
el trtrauma más grande de mi lengua.

Algo irrumpió
en medio de los dientes de leche
como el agua que expulsan las grietas
entró en nosotras
antes de saber su nombre
nos metieron algo a la boca

de ahí nació el odio
del deseo suyo por vernos tragar
del deseo nuestro por cerrar bien la boca
de la imposición suya por que nada salga
que nada salga
y la obediencia nuestra por que todo se quede adentro
atorado
enflemado
en la garganta

Pensabas que algo fuera de este mundo
    tomaba tu boca
        y la sacudía veinte veces
        cada que una t salía de ti

        creías que la casa estaba embrujada
    alguien metía su puño en tu lengua
    y controlaba tu voz

        suponías que algo habías hecho mal
    y dios te castigaba
        porque no podías decir tu nombre
            en menos de veinte segundos

siempre la misma letra
repetida
como si un espíritu eterno se interpusiera
entre tú y tu madre
entre tú y tu hermana
entre tú y tu padre
entre tú y tu amiga
entre tú y tu tía
entre tú y tu primo
entre tú y tu espejo
sin temer que tanta repetición
tanto manejo

tanta idea dicha de todas las formas posibles
levantara sospechas
de que algo te pasaba

                                                            y no
                                                   era tu culpa
que los tres tristes tigres
se quedarán sin tragar trigo en un trigal

                              porque no podías
                              querías decir
                              pero no te salía

                                        la t con la R
                                        la t con la L
                                        la t con nada

            y te arañabas
            los brazos
la garganta
                        las piernas

                        con tal de que una sola t saliera sola

                  sin aire

sin transformarse en otra cosa
que los demás decían que era menos t
que la t que ellos decían
decían siempre demás contigo
decían siempre que no sabías
decían siempre que te quedaba mejor el silencio
porque el calladita te ves más bonita

veintisiete años
y todavía no puedes decir
que dios ha soltado tu nombre
que al menos un tigre está tragando en un trigal
desde tu boca, gracias a ti

Deletreo mis posibilidades
las hago visibles y me rindo
ante mi palabra contrahecha:

¿Cómo es que acepto vivir
tan atiborrada de mí?

ENGULLIR

Antes de ser nombrada
me llamaba *La gorda*
y ella es quien hablará aquí

La gorda no pudo tener novio
no era un sueño de infancia

La gorda no pudo olvidar
su lugar al fondo
a la orilla al final

                afuera

La gorda no se queja
porque el eco es con cariño
y ella debe saberlo

La gorda es una broma pesada de la
n   a   t   u   r   a   l   e   z   a

y su destino es terminarse el plato de su hermana.

Pensé en ti de nuevo
te encerré en mis muslos
e hice que colocaras tu mano en mi abdomen
forcé tus dedos
su recorrido por mi espalda
y no paré hasta que la sombra del asco
desapareciera de tu pecho
te estaba haciendo un Favor

pensé en ti de nuevo
en tus grandes gemidos
tu sudor como cascada cayendo
sobre estos hombros sin memoria
un poco más rendidos por cada golpe
un poco menos míos con cada beso

querías parar
ayer
no ese día
ayer querías parar
y no tuve que pedirte nada
por voluntad soltaste mi cuerpo
al huir en la sombra que te pertenece

pensé en ti de nuevo
y no te dejé huir
porque te hice un Favor
como tú lo hiciste conmigo.

10 consejos para ███████ hacer las cosas más fáciles

Aquí hay 10 consejos

1. Coma ████████████████████ un desayuno rico ██ ████████ antojos y ███████ calorías durante todo el día.

2. Evite ████████████████████████ ██ evitar ████████████

3. Beba agua ████████████████████████████████

4. Elija alimentos saludables que lo ayuden ███████ Ciertos alimentos son muy útiles ████████

5. Coma fibra soluble. Los estudios demuestran que las fibras solubles ████████ ████████████████████ pueden ayudar.

6. Tome café o té. Si usted es un apasionado del café o té, puede tomar la cantidad que desee,

7. Ingiera ██████ alimentos ██████████ Base la mayor parte de su dieta en alimentos █████████████████████

8. Ingiera sus alimentos ████████████████ ██████ Comer ██████ te hace sentir más ████████ ██

9. Revise su ████████████████████████ tiempo.

10. Duerma bien cada noche. ████████████ ████████████ cuidar de su sueño es importante.

Mi sonido al caminar delata mis kilos extra
se revuelve la grasa de la cara con la abdominal
la gravedad las ha hecho una sola
y ahora parece que habla mi ombligo

Mi sonido al caminar también delata el concreto que se
rinde
ante mí

y yo también me rindo
mira cómo me cubro
mira cómo me culpo
mira cómo me odio
mira cómo me convierto
en
fragmentos
más
ligeros.

Nadie lo nota: nos estamos despedazando.

Aquí
persona muerta vale más
que persona gorda.

Una sombra en la pared
un bulto
      sin ajustarse a nada
      a punto de caer
me recuerda que no he doblado la ropa.

Sale un pliegue por cada lado
cansados de abarcar tanto
quieren llegar al piso.

Más arriba,
dos mangas de suéter
pequeñas,
mínimas, se asoman,
contemplan la caída
y también desean ir hacia abajo.

Una boca hecha con el cierre de un pantalón
sacude al bulto
desgastándole el silencio,
mientras una mano de calcetín
escribe y escribe
sobre la desesperación surgida
al contemplar la altura y el golpe.

Me sorprende el movimiento,
el momento cancelador
la imagen que muestra
la verdadera cara de las cosas.

Hablan de mucosidad
de cerdos cubiertos en desperdicios
ballenas inmovilizadas
garrapatas hinchadas hasta herirse
                    están hablando de ti.
            Piensan en tu nombre
            al decir que temen
            un número en la báscula.
            Al tener hambre
            piensan en tu espalda *grotesca*.

«Todo menos ser ella»
                    dicen
El movimiento involuntario y espasmódico del asco
                    te señala.

Recuerda cuando tu madre se atascaba de galletas,
en el tiempo que el azúcar, no tu nombre
posaba en su paladar.

Siente el dolor de su ausencia.

Recupera a tu madre con polvorones y café.
Quédate sentada diariamente pensando en tu madre
que la paz esté con ella, con su espíritu
y con tu cuerpo.

Recuerda que te obligó a hacer dieta.
Guarda el rencor en tu pastel de cumpleaños.
Desafía a la memoria.
Siente el dolor de su ausencia.

Eleva tus niveles de azúcar
hasta que el cuerpo grite la enfermedad de tu madre.

Ten paciencia
y de nuevo siente el dolor de su ausencia.

Hospitalízate hasta que te amputen una pierna,
así serás como tu madre.

Siente el dolor de la ausencia de tu pierna
y convierte el rencor en lástima.

Ahora eres como tu madre.

Me han dicho que las palabras son dagas
que cortan y desgranan
que marcan como cicatrices

como todo es metafórico
imagino a mi cuerpo metafórico
siendo desmembrado y cortado en metafóricos pedazos
esparcido por todo el rencor que le tengo
en un campo metafórico de hastío y repulsión

entonces el dolor no sería una palabra *sino un cuerpo.*

Si no alcanzo

Si quedo muy grande
Si soy el sarro aferrado al recuerdo
Si pierdo mi esencia de vidrio
permaneciente
Si muero a diario
cuando olvidan mi nombre frente
a mi sienes
Si todo crece y me aprieta como insectos
furtivos escondidos en
mis zapatos
Si aún no sé explicar
la causa de lo que en boca de
todos se hizo común
Si soy un pedazo de huella
en el irremediable frío
Si mañana no sé dónde ni cómo ni
para qué
Si quedo pequeña
Si no quepo.

La idea de persona no nos toca a las gordas
nosotras somos
                grasa encapsulada en los inocentes huesos
pobres
no han visto nunca la luz del sol

                  como mierda aplastada en la tierra
nos toca la carga ideomática del asco
la identidad y cultivo metafórico, eufemístico
                  del animal perdido en la ciudad
porque huyó antes del sacrificio

no somos personas, pero nos parecemos
tenemos el llanto bajo la carne
una historia del cuerpo
y el desconocimiento de qué tanto vacío podríamos ser
si quisiéramos ser algo distinto.

Esta desorientación tiene el amarillo de la delgadez
nace en un lugar donde nunca hemos sentido calor

sin enunciarlo nos duele
lo sabemos.

El vómito seco en la barbilla es la mejor forma de nombrarlo.

Mañana
iba a bajar de peso
pero me habría dado amnesia.

En una realidad alterna

                                          nunca bajaste de peso
te levantas a las cinco de la mañana a hacerte un té con
limón
haces cien abdominales
desayunas una lechuga acompañada de un huevo cocido
y mides tu cintura implorando que se haya quedado en
120 cm
desde la noche anterior

pero
en una realidad alterna

                                        comprendes lo que es el deseo
cómo se siente en tu cuello
la forma en que tu sudor es bien recibido
por el hombre que tienes arriba, detrás, al lado

pero
en una realidad alterna

                                          no tienes una cara delgada

tus muslos no son sinónimo de erección
y tus axilas negras opacan tu piel blanca
no puedes hacer nada contra el desorden hormonal

pero
en una realidad alterna
                            alguien te prepara el desayuno
y se preocupa por ti
las venas conquistan tus clavículas
te desmayas dos veces a la semana
porque el abdomen plano, a él, todavía le parece
fascinante

en una realidad alterna
                            nunca bajaste de peso
nadie te eligió
no sabes lo que es el amor que abraza a la luz del día
ni tener frente a ti la decepción hecha rostro
pero
          tus huesos no están en una urna sobre el librero
donde tu esposo se apoya
gimiendo y oscureciéndolo todo
a escondidas de tu desorden
dando gracias a la vida por cogerse a una gorda, hacerle
el favor y mantenerlo en secreto.

9. Los estampados

Si te gusta mucho la ropa con print está bien que la uses. CUIDADO, cuando yo he ido a las tiendas a ver ropa me he topado con Homero Simpson Corre para el otro lado y busca algo de puntos, flores o gráficos de preferencia que tenga tonalidades. Si es un camisola está bien

Oír la voz del hambre
sentir la línea, el padecimiento que apesta y hace llorar
a los años de evolución que le tomo a tu estómago
aprender a decirte que algo le falta

la voz imperativa se acostumbra a la soledad
de los fragmentos que caen y significan
simpatía de tu boca
sobrevive a medias, apenas con jirones líquidos
pensados para posponer la desconfiguración del atasco

la técnica convierte al hambre en tiempo
el tiempo espera
el tiempo es paciente
el tiempo carcome
el tiempo es infalible

el tiempo hace oír la voz, pero palabras son palabras
y el hambre sobrevive.

INHUMAR

Te hubiera gustado aullar tu enojo
tener una voz que apagara lo que ahora
son recuerdos

te hubiera gustado desgarrar las paredes en tu
desesperación
por salvarte cada vez
en el último minuto

no tener una mirada tan pequeña
que la medida de tu súplica hubiera sido más grande
y los convenciera de no cercenar tu sombra

arrancar arterias
desmembrar su carne y ver su interior
como ellos veían el tuyo.

Qué hubieras hecho si el cuerpo de ahora
te defendiera de todo lo que sabes
solo tú sabes
que te hicieron.

Somos pequeñas dunas
en el asfalto:
nadie nos busca.

No es el mareo de voces
que rasguña hasta volverme intangible
soy yo misma atada a las palabras
que otros dicen entre sí

ensimismada contemplo esa gloria
                            he llegado tarde para sostenerla
se va del muelle sin decirme adiós
sin notar mi ausencia.
Alguna vez escribí
soy una anémona seca flotando en un arrecife
pero no conozco las anémonas
ni he sentido que me hundo en el mar.
Soy parte de nada y ellas lo saben.

Las veces que he declarado
hay amor naciendo de mí
son batallas libradas contra la despertenencia
amo porque necesito que me amen
amo porque cuando se vayan sentiré la ausencia
y la llamaré hogar.

        Soy parte de nada y ellos lo saben.

Habito tu sangre
bajo mi piel
pero no caminas conmigo

no hay rasgo tuyo en donde pueda
verme.

No sabes de dónde viene tu nombre

Reconstruida por otros hasta los huesos
con este miasma que contradice
todo lo proveniente de ti:
                encarnas la celda de tu propio dolor.

De todas las muertes
me asusta la que marca
el tiempo de nombrarte.

Nuestras soledades son equiparables
almas gemelas en suspensión del rencor individual:
                              seguimos respirando.

Quise preguntarle
cuántas veces exhaló hasta que me encontró,
cuántas veces aleteó antes de decidir bajar hasta aquí,
donde habitamos los vacíos, desmembrados del ruido.

Pero antes se deshizo frente a mí
y sus plumas cayeron
como lluvia sobre el concreto.

A esta soledad no la vence nadie
por ella te desmembraste, ¿lo ves?
yo también estoy amenazada,
al borde del grito
y no me puedo mover.

Escribo desde afuera
testifico lo que veo, en donde existo

aquí está lo irreparable y
[
los días
el sudor
dos hombres armados
un tramo desierto
la tragedia
]
el ruego por auxilio

[de cuatro ganchos colgarán mis pies]

escribo desde afuera
incapaz de abarcarme.

Murió mi madre
colgada de un árbol
desde entonces
el abrazarla fuerte

es jugar en su sombra.

Las gaviotas revolotean
el azul sombrío

se detienen a pelear unas con otras
por un pedazo de reflejo.

Atacan y prueban su fuerza
        todo es un montículo de plumas alebrestadas
al unísono del caos.

No entienden que su aleteo aplana el espacio
        que esto no es una cárcel
para descansar el abandono
y gozar la compañía del conflicto.

Se agolpan en perpetua lucha graznando de pánico:
        la más débil caerá al agua
y será engullida por la corriente.

                Me perdí
        los últimos instantes de la pelea...

                Abrumada
                destapo la jaula

                    toda yo
                me vuelvo parvada.

Retuercen los pies
emigrando al fondo
y su sangre agria
forma un nuevo río.

¿Qué significa la palabra pertenecer?

L l a n t o   u n í s o n o

Existe un poema que me niego a escribir
y me obligo a pensar en otra cosa
que no sea enunciarte desde el miedo

pero negar tu dolor es negar el dolor
con el que tocabas el umbral de esa noche
donde no eras otra cosa más
que un bulto silencioso
odiando el calor de interiores ajenos

¿Cómo se llama eso que te arrastra
a las profundidades del abandono?
Si no es dolor, ni ausencia,
¿qué es eso que no te permite nombrarte?
¿Qué es eso que no te fue dado
décadas atrás, cuando estabas expuesto
a la intemperie de los otros?

Existe un poema que me niego a escribir
y pienso en tu pasado, en tu desgarre
como si por ello pudiera protegerte
de esa ausencia inevitable que ahora
compartimos sin decirlo
como si pudiera llegar a tiempo
a rescatarte del frío de esa noche
donde no eras otra cosa más que un niño
a punto de ser convertido en silencio.

Los sábados siempre veo algún cadáver
de fruta
mirándome furioso desde la mesa.

Le dije que lo usaría, como pudiera,
pero lo usaría.

Un ser más, un ser menos
que se siente decepcionado de mí.

Pienso tu muerte como un milagro de vida
me alivia saber que tu voz
no está para pesarme en los hombros
porque no habría aguantado más tiempo
de eso
de ti
en general

temo al pensar que me alegra que hayas muerto
                              ¿cómo decirlo aquí?

Puedo hablar del cambio que sufre la piedra
cuando el río la erosiona
o sobre la mariposa que muere al salir del capullo

pero sólo estamos tú y yo
así que seré directa

el mundo sí es más hermoso desde que te fuiste

tal vez porque ahora siento que rodeas todo
y puedo hablarte en cualquier lugar

ya no tengo que verte
como la condena que creías que merecía

Mamá,
gracias por haberte muerto

es la única forma que tengo para decirte que te amo.

Hay un número limitado de veces
en que se puede empezar de cero
no sé cuál sea, pero ya casi lo alcanzo

empiezo a desconocer mi nombre
ya no se forma como antes

perdí la cuenta de las veces que volví
del 70 al 0, del 50 al 0, del 20 al 0
cada vez la distancia luce más como estancamiento

ahora empezar de cero es dar cinco o seis pasos en
reversa
no hay despedidas ni duelos

delante hay miles de cientos
pero yo estoy de vuelta en el cero
y no hay nadie aquí.

Hablo del desprecio, camarada,
usted no sabe lo que es quererse
en estas condiciones.

ÍNDICE

Este libro se terminó de editar el 7 de abril de 2024, un día en el que recordamos a la escritora argentina Victoria Ocampo, nacida en 1890.

«Cuando compruebo con cuánta violencia seres y cosas que cruzan por mi vida se me clavan en el corazón, tiemblo al pensar en los desgarramientos futuros. El peligro no viene de afuera. Está dentro».

La viajera y sus sombras.
Crónica de un aprendizaje, Victoria Ocampo

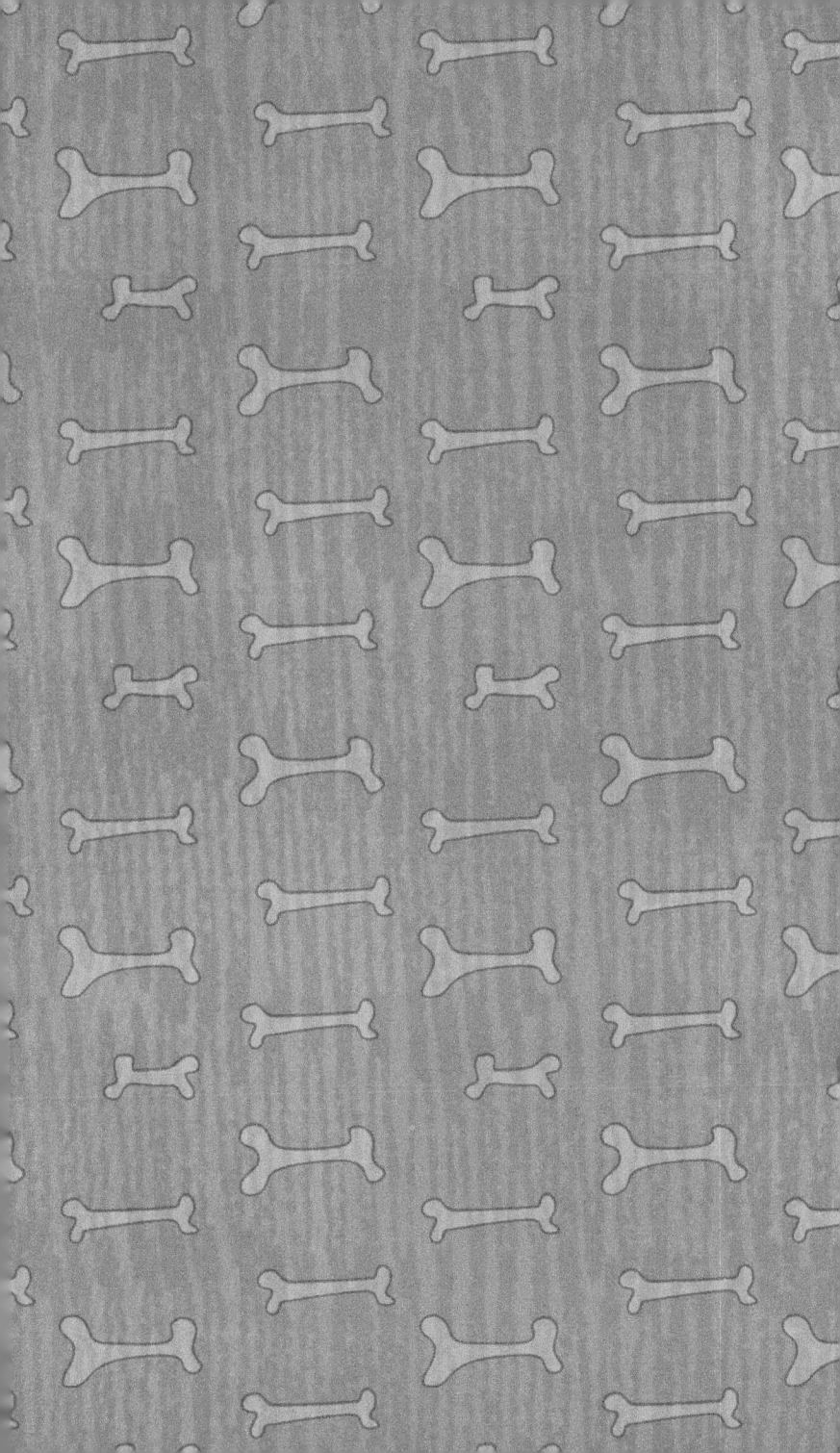